AF221279

AN MEIN HERZ

Islamische Lyrik

Khalid Aouga

© 2021, Khalid Aouga

Herstellung und Verlag:

BoD – Books on Demand, Norderstedt

ISBN: 9783755755654

Wenn ich du sage

Meine ich mich

Wenn du dich angesprochen fühlst

Dann ist das auch gut

Wer du auch immer sein magst

Ich will dich weder

Tadeln noch loben

Es ist mein größter Wunsch

Dass du die Augen aufmachst

Und die volle Wahrheit

Wirklichkeit und das Licht siehst

Das Licht wird dich blenden

Für eine kurze Zeit

Und es schmerzt auch

Das ist zu erwarten

Denn wer sein ganzes Leben

In einer Höhle verbracht hat

Wird die Strahlen der Sonne

Nicht ohne weiteres

Ertragen können

Es braucht etwas Gewöhnungszeit

Doch kehrst du um

Weil du Angst

Vor dem Licht hast

Vor der Wahrheit

Vor der Selbsterkenntnis

Dann hast du dich selbst betrogen

Dann hast du dich selbst begraben

Und wenn du stirbst wachst du auf

Ach du der sagt, ich glaube

Ach du der sagt, ich bete

Ach du der sagt, ich lieb

Ach du der sagt, ich gebe

Und du bist der

Der am meisten zweifelt

Von allen Geschöpfen

Zwischen Himmeln und Erden

Du glaubst nicht

Dass ich weiß

Was du denkst und fühlst

Du sagst, was bildet sich

Dieser Mensch ein

Denn du vergisst

Du bist ich

Du kennst nicht mal dich

Und meinst alle zu kennen

Du begreifst das Greifbare nicht

Aber meinst das Ungreifbare

Zu begreifen

Leeres Geschwätz

Und Üble Nachrede

Sind dein Lieblings Zeitvertreib

Du sagst Worte

Die dir nichts bedeuten

Weißt du denn nicht

Dass deine Zunge

Dich zu den Stufen

Der edelsten Engel

Empor erheben kann

Oder dich zu den tiefsten Stufen

Die es gibt fallen lassen kann

Hüte deine Zunge

Denn was bringt es

Über andere zu reden?

Zeitvertreib?

Ist dir dein Dasein so wertlos

Dass du es damit verbringst

Anderen nach zu spionieren

Oh Mensch wie kannst du

So närrisch sein

Ständig die Flucht vor Augen

Sie scheint die Lösung zu sein

Doch der Schein ist trügerisch

Wovor willst du fliehen

Vor dir selbst?

Wie willst du das anstellen

Wo du doch

Immer mit dir bist

Und für immer sein wirst

Du kannst ein parallel Leben

Mit Lügen aufzubauen

In dem du vorgibst

Ein anderer Mensch zu sein

Der alles besitzt

Was du nicht hast

Du kannst in deinen Gedanken

Alle besiegen

Die dich verachten

Du kannst behaupten

Alles zu können

Wenn du nur wolltest

Alles das bist du nicht

Doch das macht dich aus

Möchtest du

Den steilen Weg erklimmen?

Standhaft sein?

Da gibt es einige Hürden

Die größte aber ist

Die der Selbsterkenntnis

Wer sich nicht kennt

Wird sich nicht

Ehrlich vergleichen

Kommt nicht voran

Wird immer verachten

Sich groß wähnen

Sich hinter den anderen verstecken

Um sich nicht zu sehen

Lass deine Gedanken ruhen

Auf einem Felsen

Halte für einen Augenblick inne

Sei nicht ungeduldig in deinem Tun

Das Leben ist das Projekt

Der Ewigkeit

Die Ewigkeit ist unendlich

Und muss gut vorbereitet sein

Der Tatendrang des einen

Ist der Übermut des anderen

Die Gelassenheit des einen

Ist die Nachlässigkeit des anderen

Mann soll die Menschen

Von seinem Blick und

Seiner Zunge verschonen

Und sich darum kümmern

Wer man selber ist

Zerbrich deine Waage

Sie ist nur eine Plage

Sie macht dein Leben ohne Festtage

Sie hält dich ab von der Kernfrage

Wer du bist und wie deine Lage

Bald hörst du über deinen Kopf

Die Totenklage

Nach dem du abgesetzt wurdest

Von der Trage

Willst du sie immer noch behalten

Um zu wiegen die Menschentaten

Ihre öffentlichen und privaten

Damit bist du übel beraten

Bist an den übelsten geraten

Wurdest zu seinem Soldaten

Und er wird dich doch verraten

Lass dich von deinem Herzen führen

Nicht von deinem Ego verführen

Was du selber nicht möchtest spüren

Dass dir die anderen nachspüren

Sollst du selber nicht fortführen

Und andere Herzen scharf berühren

Lass dich nicht

Von schlechten Zungen entführen

Einsamkeit

Einsamkeit im Herzen

Bereitet dir ständig Schmerzen

Du sitzt im Licht von Kerzen

Du siehst kein Licht am Tunnelsende

Keine Ausgänge an seine Wände

Licht bekommst du auch nicht

Durch Waldbrände

Es ist deine Egos List

Dass du alleine bist

Damit es dich in Ruhe frisst

Du wirst von ihm gedrückt an den Rand

Du verlierst langsam den Verstand

Du erwürgst dich mit der eigenen Hand

Nach der gefühls- und
Gedankenüberflutung

Der Seelen-Verdurstung

Fragst du nach der Rettung

Mach doch die Augen auf

Schau dir dein Lebenslauf

Dann kommst du schon drauf

Modern sein

Du möchtest sein sehr modern

Das wollen alle Möchtegern

Bist doch nichts Besonderes insofern

Statt zu sein ein Macher

Bist du nur ein Nachmacher

Ist vielleicht einfacher

Einfach das neuste kaufen

Immer brav hinterher lauen

Auch wenn sich alle werfen

In einen Scheiterhaufen

Bemerkst du nicht diesen Betrug

Du bist doch so klug

Wie wäre es mit einem Gegenzug

Komm raus aus der Gruft

Atme ein die Freiheitsluft

Und gebe ihr deinen eigenen Duft

Als ich begriff, alles ist vergänglich

Machte mich das sehr ängstlich

Zum Vergänglichen gehöre auch ich

Der Gedanke war unheimlich

Wie kann das Leben sein so verräterisch

Zeiten kommen und gehen

Wir sind es die vergehen

Von unserem Dasein bleibt nur Staub

Für solche Worte sind wir taub

Wir tun so heiter

Das Leben geht weiter

Weiter geht es auf jeden Fall

Während wir uns näheren dem Verfall

Schmunzeln wir und lachen

Bis wir zusammenkrachen

Eine Priese Wahrheit

Du tust so herrlich
Die Welt existiert nicht ohne dich
Bist dabei so ärmlich
Wenn es um deine Fehler geht
Bist du vergesslich
Wenn es um deine Haut geht
Bist du ängstlich
Oh Mensch was tust du dir an
So kommst du nicht voran
Du drehst dich ständig im Kreis
Dafür bezahlst du einen hohen Preis
Wenn du suchst klopfst du
An den falschen Türen
An denen dich dein Ego
Und Stolz führen
Alle Zeit der Welt wird nicht reichen
Um die Stufen der Guten zu erreichen
Wenn man nicht kann

Seine Fehler zugeben
Den Menschen ihre Fehler vergeben
Jeder von uns ist ein Narr
Der die Wahrheit sieht ganz klar
Sich trotz dem hin und her wendet
Bis sein Leben endet
Fragt er sich was hat er wohl getan
Wie hat er sein Leben vertan
Es vergehen Stunden der leere
Eine Versenkung in die Zweifelsmeere
Gedanken die quälen Herz und Augen
Die sich fragen was sie wohl taugen
Sie können weder fühlen noch sehen
Sie haben das Wichtigste übersehen
Was ist zu tun und was zu lassen
Sie fühlen sich so verlassen
Jahre des Vergnügens und Lust
Brachten nichts außer Verlust
Es ist eine Stunde des Glücks

Oder der Not

Du bist noch nicht ganz tot

Doch du sitzt im letzten Bot

Jetzt brauchst du

Weder Wasser noch Brot

Denn heute ist der Abgabetermin

Wo führt dich die Abrechnung hin

Heute erfährst du wohin

Für diese Stunde

Haben die Weisen gearbeitet

Sie wurden vom Leben nicht fehlgeleitet

Der König hat für sie

Was Besseres vorbereitet

Sie werden von den Edelsten begleitet

Vielleicht gibt es

In deinem herzen Fragezeichen

Es lohnt sich zu rechnen und zu

vergleichen

Die eine oder andere Rechnung zu

begleichen

Statt sich davon zu schleichen

Möchten wir Menschen werden
Müssen wir verstehen unseren
Zweck auf Erden
Die Zeit läuft uns davon
Ein Tag der ohne Ziele beginnt
Ist ein verlorener Tag
Verlorene Tage sind wie Asche
Aus einem Feuer
Das nur verschwendete Energie war
Ohne Nutzen
Sondern nur mit Schaden.

Der Hunger und Durst

Nach Verlust

Schnürt dir das Herz in der Brust

Es packt dich wieder die Unlust

Und bist dir keiner

Verantwortung bewusst

Dass wenn die Liebe dich küsst

Du dann stark sein musst

Das hast du wohl nicht gewusst

Machst lieber einen Abzug

Am liebsten in einem Atemzug

Liebe ist kein Ausflug

Sie ist auch kein Wolkenflug

Sie braucht keinen Triumphzug

Sie ist ein Göttlicher Charakterzug

Ich sah ein Körnchen Zucker

Das mehr wog als das Meer

Leuchtender war als die Sonne

Es war ein Körnchen

Das aus Armut und Demut gegeben wurde

Es wurde nicht aus Mitleid gegeben

Sondern aus Liebe und Respekt

Das Jetzt ist das Leben.

Das Leben ist eine Anreihung von Jetzts

Wenn du leben willst

Dann tue es jetzt.

Wenn du das Wort Jetzt ausgesprochen

hast

Ist das Jetzt schon vorbei

Was du warst und was du hattest

Ist nur Erinnerung.

Was du wirst und was du tun willst

Ist Illusion

Wichtig ist was du jetzt bist

kannst und tust

Alles was kommt

Entspringt aus dem Jetzt

Alles was war

Fliest in das Jetzt

Wenn du was bewegen willst

Dann tue es jetzt

Denn das Leben ist nicht länger als

Das Jetzt

Wo stehst du Mensch

Besser wie du ist der Hirsch

Er leert nicht mit Vorsatz den

Giftkelch

Du sitzt da ohne Tat

Es hilft nicht der beste rat

Denn deine Profession ist der

Selbstverrat

Zum Jagen ging ein Mensch

Erlegen konnte er einen Hirsch

Nach der Freude leerte er einen

Giftkelch

Welchen Sinn hat seine Tat

Er bekam im Leben so mancher Rat

Vergebens, das Beste was er kann ist

Selbstverrat

Kennst du die Nächte

Wo alles seine Bedeutung verliert

Der Augenblick wird ausgekostet

Als wäre er das Elixier des Lebens

Du spürst das Geistige in dir

Das Körperliche löst sich auf

Du wirst auf einmal zum Kind

Lässt dich tragen vom Urzeitenwind

Alles ist klar und du bist

Nicht mehr blind

Der Augenblick ist zeitlos

Und doch so geschwind

Bilder kommen auf dich zu geflogen

In einem riesigen Regenbogen

Dadurch bekommst du etwas an Wissen

Das hast du am nächsten Tag vergessen

Der Alltag holt dich ein

Wie kann es anders sein

Davon zu erzählen traust du dich nicht

Man würde denken du bist

Nicht ganz dicht

Ob das jeder erlebt von Zeit zu Zeit

Es zu zugeben ist nicht jeder bereit

Ohne die Liebe ist jedes Opfer Last,

jede Musik nur Geräusch,

und jeder Tanz macht Mühe.

RUMI

Wenn du dich

Für gläubig hältst

Meinst dann dich nicht

Bei den Menschen bedanken zu müssen

Da Gott der Erhabene ist

Der gibt und nimmt

Du kleine arme Seele

Nimmst vom Glaube

Das was dir passt

Nimmst seine Schale

Und wirfst seine Frucht weg

Es ist deine Überheblichkeit

Es ist dein Hochmut

Es ist deine Verachtung

Es ist dein Hass

Es ist dein Unwissen

Dass du dich weder Gott

Noch den Menschen

Dankbar zeigen kannst

Hör was der Prophet sagt

Gottes Segen und Friede auf ihm

Den du meinst zu folgen

Dabei folgst du nur deinem Ego

„Wer den Menschen nicht dankt

Der dankt auch Gott nicht"

Hör was Gott der Erhabene sagt

Den du meinst anzubeten

Dabei betest du nur

deine Begierde an

„Danke mir und deinen Eltern"

Kehre reuig um

Zu deinem Herren

Denn er liebt

Die reuig Umkehrenden

Du mein überhebliches ich

Zum Lieben

Erweckt

Sie brachten mir bei zu lieben

Sie haben mir den Groll

Aus dem Herzen vertrieben

Stattdessen Barmherzigkeit geschrieben

Ich war Ein Toter und

Dachte ich würde leben

Um sie versammeln sich alle Rassen

Denn bei ihnen lernt man

Nicht zu hassen

Von den Begierden zu lassen

Ohne das Gefühl Etwas zu verpassen

Ich lernte zu lieben meine Pflicht

Vor den Augen zu haben das Gericht

Zu verlangen nach seinem Angesicht

Zu sehen seines Gesandten Licht

Sie haben mir alles beigebracht

Aber schweigend

Niemals mit dem Finger zeigend

Um den Thron verbringen ihre Herzen

Die Nächte kreisend

Mein Herz und Gedanken sind

Bei ihnen bleibend

Vom Kelch der Erkenntnis trinken

Im Meer der Sehnsucht ertrinken

Die Geschenkte Barmherzigkeit erblicken

In die Umarmung der Liebenden versenken

Das Alles durch seiner zu gedenken

Das Schwere wird einfach und leicht

Das Unvorstellbare ist so erreicht

Wurde dir doch das Wissen

Über Auserwählte überreicht

Das Geheimnis wurde von einem

An Millionen weiter gereicht

Halt dich dran und du wirst nicht
verlieren

Du bist mit denen die nicht

Nur mit Worte argumentieren

Vergeude deine Zeit nicht mit
Debattieren

Fang an das Gelernte zu praktizieren

Um dir ein schönes Haus zu kreieren

Meine Tränen wären sie aus Blut

Könnten sie nicht ausdrücken meine

Herzens Glut

Meine Worte wären sie die Sintflut

Könnten sie nicht ausdrücken meine

Armut

Könnte ich nur vergießen mein Herzblut

Aus einem Herzen das härter war als

Steingut

Du hast es lieben lassen durch deine

Sanftmut

Ich liege es in deiner Obhut

Damit es unter deinem Thron ruht

Oh Herr du bist Einer

Ich darf dich nennen meiner

Du bist der Bejahende ich ständig der

Verneiner

Ohne dich kann nicht sein unsereiner
Du machst unsere Herzen immer feiner
Unsere Absichten immer reiner
Und das Diesseits in unseren Augen
immer kleiner
Welcher Wahn welche Angst trifft mich
Der Gedanke einen Augenblick ohne dich
Alles Schmerzhafte ist weltlich
Obwohl das vergänglich
Dass der Mensch das nicht erkennt ist
unglaublich
Dass nur du bist
Nur du gibst
Alles andere nicht ist

Zu euch tragen mich nicht meine Füße
Ich schicke euch mit dem Wind meine
Grüße
Um euch zu sehen ist mein Herz zu
schwach
Es ist nicht immer wach
Ich lasse mich treiben
Kann nicht standhaft bleiben
Ich brauch eine Arznei
Gegen Selbstbetrügerei
Denn darin bin ich sehr gut
Das treibt mich zur Weißglut
Meine Gedanken sitzen im Karussell
Ich befinde mich mit ihnen immer im
Duell
Gerade auf diesem Schlachtfeld
Bin ich kein großer Held

Das ist doch nur ein Scheinleben
Ich möchte etwas Höheres anstreben
Nicht mehr am Boden
Der Niedertracht festkleben
Und mich ständig aufgeben

Stattdessen will ich mich erheben
Mit meinen liebenden empor schweben
Um mich ihm voll zu ergeben

An mir ging ein Traum vorbei

Ich dachte mir nichts dabei

Es war so tief in der Nacht

Ich hatte über meine sinne keine Macht

Mein Verstand brächte zustande

Mancherlei

Doch mein Körper war schwerer wie Blei

Erde unter mir Himmel über mir

verschwanden

Alle Dinge die mich mit dem Diesseits

verbanden

Sah Gesichter zum ersten Mal

die ich schon ewig kannte

Deren Anblick vor Sehnsucht mich

verbrannte

Sie verwandten keine Worte

Ich freute mich als ich ihre Herzen
sprechen hörte

Es ist besser als jeder Gewinn oder
Beute

Denn diese Gesichter begleiten mich
noch heute

Die Schleier bestehen

Bis mein Tun

Mit deinem Wohlgefallen gesegnet ist

Mag ich mir auch einbilden

Alles richtig zu machen

Doch meine Begierde

Hat Macht über mich

Denn die Schwäche ist der Beweis

Obwohl ich weiß

Schwäche ist das Zeugnis von Zweifel

Behaupte ich nicht zu zweifeln

Viele Menschen werden diese Worte

Nicht verstehen

Oder nicht akzeptiere

Denn kaum jemand gibt zu zu zweifeln

Ich spreche deswegen nur dich an

Ich bitte um deine Hilfe und Vergebung

In der stillen Nacht

Die mich mit ihrer Dunkelheit

Immer daran erinnert

Wie viel Licht du mir gibst

Und wie wenig ich davon weiter gebe

Es sind nicht die Menschen

Die von mir nicht annehmen

Ich bin unfähig sie zu begeistern

Tragisch, Menschen nicht für ihr Glück

Begeistern zu können

Tragisch, das Licht nicht widerspiegeln

zu können

Du weißt am besten

Wer dein licht annimmt

Du weißt am besten

Wer dein Licht weiter gibt.

Über alle Berge und Meere

Durch die Urzeit und die Unendlichkeit

Wandern deine Nahestehenden

Ihre Welt ist dein Reich

Dein Reich sind viele Welten

Sie bringen uns heiliges Wasser

Und heilige Pflanzen

Um unser Durst zu löschen

Um uns zu heilen

Sie sind die waren Erben der Propheten

Sie sind unsere Brücken zu dir

Die viel auf sich nehmen

Um uns die Reise zu erleichtern

Um uns die dunklen Ecken zu erleuchten

Wir nehmen ihre helfenden Hände

Nicht an

Denn wir merken nicht

Wie wir im Sumpf versinken

Wie wir an deine Worte zweifeln

Wie wir an dich zweifeln

Welch ein Verlust und Blindheit

Oh Herr wenn wir nicht sie sein können

Dann lass uns mit ihnen sein

Wütender Sturm

Der den Augenblick ungemütlich macht

Und eine trübe Stimmung erzeugt

Verlässt uns doch bald

Seine Zeichen hinterlässt er

Warme Sonnenstrahlen

Die den Augenblick gemütlich machen

Und eine schöne Stimmung erzeugen

Verlassen uns doch bald

Ihre Zeichen hinterlassen sie

Ein schrecklicher Tag

Der uns zerdrückt

Und unser Leben schwer macht

Vergeht doch bald

Seine Zeichen hinterlässt er

Ein Schöner Tag

Der uns erfreut

Und unser Leben erleichtert

Vergeht doch bald

Sein Zeichen hinterlässt er

Nur das ist wirklich dein Besitz,

das was du bei einem Schiffbruch

nicht verlieren kannst

                    Al Ghazali

In bester Gesellschaft

ist wer dich gedenkt

Die Blinden denken

er ist einsam

Wer dich gedenkt

ist weder einsam

Noch ist er hier

In anderen Welten ist er bei dir

Sein Name wird erwähnt

In deinem Himmlischen Reich von dir

Seine Träume sind Gespräche mit dir

Soviel Glück und Ehre

Kann kaum ein Geschöpf begreifen

Die Menschen haben zwei Feste im Jahr

Doch für den Gedenkenden

Ist jede Silbe ein Fest

Jeder Blick auf deine Schöpfung

Und jeder Atemzug

Seine Arme und Herz sind offen

Um alle Geschöpfe zu umarmen

Denn wer deine Liebe erfährt

Kann gar nicht anders handeln

Mögen die Menschen ihn

für einen Narren halten

Wenn er von dir erzählt

Leuchten seine Augen

Schlägt hoch sein Herz

Und Worte reichen nicht

Er darf nicht alles verraten

Um niemand zu verwirren

Das Schönste in dieser Welt

Ist dich zu erwähnen

Dich zu erwähnen bedeutet

Mit dir sein

Es bedeutet von dir erwähnt werden

Es bedeutet von dir geliebt werden

Dich zu erwähnen und zu gedenken

Tröstet die Sehnsüchtigen

Gibt ihrem Leben einen Sinn

Und lässt sie es ertragen

Für sie ist diese Welt

Keine Heimat

In ihr finden sie keine Ruhe

Nur durch dein Gedenken

Finden sie Ruhe

Und es ist nicht so

Dass die Herzen

Durch Gottesgedenken

Ruhe finden

Wie war und wie einfach

Doch deine Worte sind

DIEJENIGEN, DIE GLAUBEN

UND DEREN HERZEN RUHE

FINDEN DURCH GOTTESGEDENKEN.

DENN DURCH GOTTESGEDENKEN

FINDEN DIE HERZEN RUHE

KORAN SURE 13 VERS 28

Vergib mir mein Herr

Vergib alle meine Taten

Die guten wie die schlechten

Vergib die Taten

Von gestern von heute

Und von morgen

Meine Nachlässigkeit und Lethargie

Sind so groß

Dass ich mich schäme zu sein

Meine Zunge bittet um Vergebung

Doch wo ist mein Herz

Die Welt schreit vor Schmerz

Doch wo ist meine Hand

Die Gerechtigkeit wird zertreten

Doch wo ist mein Wort

Wo ist meine Handbreite zu dir

Wo ist mein Gang zu dir

Ich weiß dass deine Diener

Überall und jeder Zeit

Gequält und misshandelt werden

Doch was mache ich

Ich brauche ein Wochenende zum erholen

Ich brauche einen Urlaub

Ich brauche einen Feierabend

Um den Abend

Vor dem Fernseher zu verbringen

Vergib mir

Dass ich die Zeit vergeude

Die du mir schenkst

Bei alle meine Schwäche

Und Nachlässigkeit

Nutze ich deine Barmherzigkeit aus

Und nehme die Vergebung

Als Leiter zu dir

Und mehr noch

Ich verlange nach deinem Antlitz

Und nach deinem geliebten Propheten

Soviel Frechheit

Kannst nur du ertragen

Du Allmächtiger Allerbarmer

Herrscher der Welten

Ich möchte nicht mehr

In ein uferloses Meer schwimmen

Weit weg von dir und deinen Liebenden

Wann ist es so weit

Dass alles klar wird

Ohne Staub und Trümmer

Auf meinem Haupt

Von Zeit und Raum

Die mich zerreißen

Ich möchte bei dir sein

Und deinen Gefährten

Eure Füße küssen

Und eure Wunden

Euch anschauen

Euch sagen

Ich liebe euch

Euch sagen

Ich danke euch

Für alle eure Mühen

Für alle eure Sorgen um uns

Ich bitte Gott den Erhabenen

Dass ich zu denen gehöre

Deren Sehnsucht

Dich weinen ließ

Die du deine Geschwister nanntest

Obwohl ich keine Träne verdiene

Und kein Tropfen Blut

Den ihr vergossen habt

Ich bin nicht mal den Staub wert

Unter euren Füssen

Doch ich kann nicht

Ohne euch sein

Du denkst

Weil ich so zerrissen

Und elend aussehe

Ein unglücklicher sein muss

Weißt du den nicht

Dass wenn die Liebe

Erwidert wird

Sie dann alle deine Kraft

Und Aufmerksamkeit verlangt

Weißt du den nicht

Dass wenn du dich

Deinem Liebenden näherst

Alles um dich

Zu nichts wird

Weißt du den nicht

Dass kein Weg zu lang

Und keine Last

Zu schwer ist

Um den Liebenden zu erreichen

In einen Raum zu gehen

Der kein Raum ist

In eine Zeit

Die keine Zeit ist

Es ist nicht Vergangenheit

Es ist nicht Gegenwart

Es ist nicht Zukunft

Es ist vor dem Anbeginn der Zeit

Und nach dem Vergehen der Ewigkeit

Und gegenwärtiger als das Jetzt

Alle Sinne können alles

Und mehr als man kennt

Der Haut schmeckt der Wind

Süßer als Honig

Die Hand hört das Wasser das fließt

Die Augen berühren

Die stimmen der Liebenden

Die rufen

Die Ohren schreiben

Auf dem Wasser

Und die Füße lesen

„nur du bist"

Es ist nicht Illusion

Es ist wahrer als die sichtbare Welt

Eine Illusion ist es zu denken

Dass es nur eine Welt gibt

Und wir sind die einzigen Bewohner

Von Gestern

Haben wir nichts mehr

Das Jetzt und Heute

Können wir weder fest halten

Noch greifen

Das Gleich und Morgen

Sind uns so verborgen

Sie könnten genau so gut

Tausend Jahre vor uns liegen

Nur wer seine Seele

Vom Ballast der Illusion befreit

Ihr ihre Recht

Auf leben und Freiheit gibt

Und sein Ego

Das ihn niederdrückt vernichtet

Kann zu den Lebenden gehören

Den kann weder Leben

Noch Tod überraschen

Denn er hat sich vernichtet

Um zu leben

Um nicht zu denen zu gehören

Die erst aufwachen

Wenn sie sterben

Wer nicht Demut und Gebrochenheit

Kennen gelernt hat

Wer nicht den Schmerz

Der Sehnsucht

Verspürt hat

Wer nicht in die weiteste Zukunft

Vorgedrungen ist

Wer nicht in die erste Stunde

Zurück gegangen ist

Wie soll er wissen

Wer er ist

Woher er kommt

Wohin er geht

Was ihn ausmacht

Und warum er etwas tut

Steinpflaster unter den Füssen

Ich laufe über sie

Sie nehmen es gelassen hin

Ich schaue sie mir an

Und merke zum ersten Mal

Mit welcher Würde diese Steine

Ihre Aufgabe erfüllen

Ich nehme mir vor

Mit Hochachtung auf ihnen zu gehen

Mein Gang ändert sich nicht

Meine schritte auch nicht

Aber meine Beziehung zu dem Boden

Auf dem ich gehen darf

Wie viele vor mir

Und viele nach mir

Werde auch ich

Einmal von ihm umarmt

Ohne dich

Waren meine Tage grau

Das tägliche Leben

Machte mein Herz grau

Danke Gott dem Erhabenen

Der dich mir machte zur Frau

Und mir befahl

Dich auf Händen zu tragen

Dich zu respektieren

Und niemals meine Liebe zu versagen

Denn deine Würde

Kann auf diese Welt nichts überragen

Was du für mich

Mehr als mein Augenlicht

Ausdrücken kann ich es nicht

Mit keinem Wort und kein Gedicht

Alle Sorgen machen mir nichts

Ich brauche nur zu sehen dein Gesicht

Wenn du wüsstest

Was ist Fasten

Es ist mehr

Als hungern und dursten

Es führt dich

In eine andere Welt

Wo alles Weltliche

Von dir fällt

Die Engel

Lassen sich herabsinken

Um vom Fluss

Im Fastenden Brust zu trinken

Glücklich ist

Wer es weiß

Und sein wissen

Bringt ihm Fleiß

Der Fastende muss es sein

Mit Zunge und Augen

Sonst werden seine Hungertage

Nichts taugen

Möchte man sich unter

Den Erfolgreichsten wissen

Darf das Herz

Das Fasten nicht missen

Was wohl das Fasten

Des Herzens ist

Es ist wenn du auch für deine Feinde

Ein Hafen der Hoffnung bist

Es ist sehr lohnend

Sich darum zu bemühen

Denn dein Herz wird

Vor Liebe glühen

Dann bist du vielleicht

Bereit zu sehen

Die Nacht die fast

Alle übersehen

Es ist eine Nacht

Besser als dreißig tausend Nächte

Auch wenn man sie

In Anbetung verbrächte

Bist du in dieser Nacht heil

Wird dir das Höchste auf Erden zuteil

Es öffnet sich dir das Himmelreich

Und du bist unendlich reich

EIN STUMMER

SCHREI

Eine Welt voller Ungerechtigkeit und
Kummer
Die einen haben Hunger die anderen
Hummer
Die verbringen ihr Leben
In einem Schlummer
Von den anderen werden
Die Rücken immer krummer
Die meisten gehen ein auf diese Weise
Und treten ab ganz leise
Alle Straßen und Brücken sind ihre
Lebensbeweise
Für sie bekommen andere die Preise
Und sie werden verachtet in diese
Kreise
Sie werden behandelt wie eine Beute
Als ob ihr Leben nichts bedeute
Sie werden immer ausgenutzt diese Leute
Es war gestern so und so ist das heute
Gibt es einer der Edelleute
Der das jemals bereute?

Wir sind für euch nur Konsumenten
Bis zum Tod schuftende Produzenten
Besonderes zu Zeiten der Wahlen
Wo ihr werdet zu Rivalen
Werden wir dann wichtig
Am Abend ist alles schon vom Tisch
Ihr kennt nicht unsere Sorgen
Wir müssen bluten um unsere
Kinder zu versorgen
Ihr nimmt nicht an unserem Leben teil
Denn ihr habt sicher den Löwenanteil
Ihr nennt primitiv unseren Lebensstil
Für euren aristokratischen bleibt uns
nicht viel
Lehnt euch ruhig zurück in eure Paläste
Wer den Mund hält ist für euch der
Beste

Musst du meine Frau

Und mein Kind töten

Warum ist dein Herz so grau

Du sagst Präventivkrieg ohne zu erröten

Dich jubeln hoch deine Leute

Ich habe keine Familie heute

Ein großer Sieg ist dir gelungen

Eine Mutter zu erschlagen

Die ihr Kind hält umschlungen

Was hat dieser Wahnsinn zum Ziel

Ist das für dich nur ein Spiel

Willst du schützen dein Land

Oder das Öl unter dem Sand

Du hast die schon vergessen

Die heute und morgen sterben

Doch an die Toten von gestern

Werden sich erinnern meine Erben

Wenn du nicht mehr an der Macht bist

Der Wurm dich unter der Erde frisst

Wird unser Leid andauern

Was hilft es dann mit Worte bedauern

Was sich alles Mensch nennt

Obwohl das Herz vor Hass brennt

Keine Barmherzigkeit kennt

Hinter dem Profit her rennt

Und jeden überrennt

Nicht zwischen stark und schwach trennt

Ist bereit die Menschen zu belügen

Sie um ihre Hab und Gut zu betrügen

Es bereitet ihm auch noch Vergnügen

Chamäleon ähnliche Menschen

Können ihre Mienen gut beherrschen

Tun so als würden sie gehorchen

Und sie sind bereit alle Regel zu
brechen

Ich sage ohne Freiheit

Bin ich unzufrieden

Und würde mich lieber

Vom Leben verabschieden

Was bringt der Friede in einer Enklave

Wo ich schlimmer behandelt werde

Als ein Sklave

Es gibt kein Richter und kein Advokat

Mein Befreiungskampf nennt man

Eine Gräueltat

Jeder von ihnen will sein ein Demokrat

Dabei schreiben sie alle nur

Einen Diktat

Das diktiert wird von einem Pirat

Sich zu bewegen sind sie nicht bereit

Ohne seine Zustimmung nicht

Einen fingerbreit

Das haben wir verstanden

In der Zwischenzeit

Die Welt ist lahm durch ihre Falschheit

Versunken in ihrer Nachlässigkeit

Zu Stein erstarrt durch ihre Feigheit

Doch es wird siegen mein Wille zur

Freiheit

Wenn Schnee auf Bäume fällt
Die einen schauen sich

das Schauspiel an
Wie ein schönes Stück
Hinter ihrem Fenster
Die anderen haben kein Fenster
Für sie fällt kein Schnee auf Bäumen
Es ist einfach feucht und kalt
Wenn ich an diese zarten

Geschöpfe denke
Die keine Zärtlichkeit erfahren
Wenn ich von ihnen träume
Ihre mit Tränen benetzte Gesichter sehe
Will ich am liebsten zu ihnen fliegen
Sie alle umarmen und ihnen

Schutz bieten
Doch habe ich weder die Kraft

noch Flügel
Ich kann nur an sie erinnern
Ich kann nur für sie beten
Es ist unmöglich für mich
Sie nicht in meinem Herzen
aufzubewahren

Schlusswort

Ich hoffe diese Worte
Konnten deine Sehnsucht
und Neugier erwecken
um hinter den Fassaden
des Seins zu blicken
und würde mich zu den
Glücklichsten zählen
wenn diese Worte dein Herz
für einen Augenblick bewegten